Joachim Ringelnatz

feliks büttner

HINSTORFF

hommage à Ringelnatz

31.12.17
COLLECTION
FELIKS BÜTTNER

»ICH KOMME UND ICH GEHE WIEDER ICH DER MATROSE RINGELNATZ ...«

»Ich komme und ich gehe wieder / Ich der Matrose Ringelnatz ...« Keine andere Tracht hat er so oft übergestreift wie das Matrosenhabit. Das Bühnenkostüm hat sich der reisende Artist Ringelnatz hart erarbeitet. Seine seemännische Laufbahn als Schiffsjunge ist herb. Als Mariner im Ersten Weltkrieg räumt und entschärft er Minen, in Wilhelmshaven, Cuxhaven, Warnemünde.

Hans Gustav Bötticher verließ seine Geburtsstadt – noch keine fünf Jahre alt – Richtung Leipzig. Wurzen hält ihm durchgängig, auch in schweren Zeiten, die Treue. Schon zu Lebzeiten des Künstlers und mit dessen Mitwirkung begann der Wurzener Museumsleiter eine heute umfangreiche Ringelnatz-Sammlung. Im Geburtshaus pflegt die sächsische Fan- und Follower-Gemeinde Kontakt zu Ringelnatzfreunden in ganz Deutschland. Auch nach Warnemünde. Dort trifft ein anderer Sachse, der Künstler Feliks Büttner, auf Ringelnatz. Ein lang Jahr war Hans Gustav Bötticher im Ersten Weltkrieg hier stationiert. Im damaligen Café Meyer entstanden die ersten Verse zum Kuttel Daddeldu. Seine Warnemünder Erlebnisse beschreibt er in »Als Mariner im Krieg«. »Ringelnatz war eben schon da, wo ich jetzt gerade mal bin und eigentlich ist alles noch so wie damals, nur ein bisschen anders, ohne Kaiser«, sagt Büttner. Man kann an seinen Bildern erspüren, wie er Ringelnatz getroffen hat und Ringelnatz ihn.

Der Joachim-Ringelnatz-Verein bat Feliks Büttner, seine Arbeiten in Wurzen zu zeigen. »?Ringelnatz!« heißt die Ausstellung über die Begegnung in Warnemünde mit dem Seemann und Poeten. Die Zeugnisse des Treffens zweier Gleichgesinnter sind nun festgehalten zwischen Buchdeckeln. Zum 135. Geburtstag von Ringelnatz eine schöne Geburtstagsgabe, für die wir Feliks Büttner danken.

Dr. Viola Heß
Vorsitzende des Joachim-Ringelnatz-Vereins Wurzen e.V.

Vom Seemann Kuttel Daddeldu

Eine Bark lief ein in Le Havre,
Von Sidnee kommend, nachts elf Uhr drei.
Es roch nach Himbeeressig am Kai
Und Hundekadaver.
Kuttel Daddeldu ging an Land.
Die Rü Albani war ihm bekannt.
Er kannte nahezu alle Hafenplätze.

Ringelnatz-Garten

30.12.2017

Der Gezeichnete

Ein Bleistift hat mich vergewaltigt,
Hat meine Züge vergestaltigt
Und hinterlistig auf ein Blatt
Papier gebracht.
Ich muß gesteh'n, der Bleistift hat
An sich die Sache gut gemacht.

Wer aber gab ihm die Erlaubnis?!
Nun weiß ich nicht recht, ob das Raub ist.
Gehört die Miene nun dem Blei?
Gehört sie mir? — Wie dem auch sei.
Die Fratze und der Bleistiftstrich
Verhöhnten und versöhnten sich
Und zogen darauf Hand in Hand
Ganz freundschaftlich ins weite Land.

Denn beide sind — das ist der Witz —
Im Grunde kein Privatbesitz.

24/12
2017

MONOGRAMMIST  & RINGELNATZ

(mit munterem Scharfsinn, lustwandelnd im Wirrsal ringsum)

Sein Kaleidoskop ist eine innere Gestaltspiegelung wechselnder, ja sprühender, imaginärer, farbiger, linearer oder grafischer Einfälle. Und so gelangen in ihr öffentliches Dasein Originale von sybillinischem Reiz, bindender Anziehung und auffälliger Wirkung. Er, Er und immer wieder Er: hellwach, weltsichtig, lebhaft, regsam, frohsinnig, beflügelt, schwungvoll. Verbindliche Merkmale, die für die gestalterische Arbeit ebenso gelten wie für die geselligen Begegnungen. Sozusagen quicklebendig, wie ein Fisch im Wasser? Zum Glück freilich abgesondert von jenen wirklichen Meeresgeschöpfen, die im Netz der Fischer landen, gar in seiner Küche, auf seinem Teller… Abwegig ist das nicht, denn seine diesbezügliche Begehrlichkeit offenbart sich durch eine nachgerade zelebrierte Gaumenfreude. Nicht wenige ihm nahestehende Menschen werden, im Wortsinn, vorsorglich einbezogen – in das Essen, das Trinken, das Feiern! Seine gastliche Residenz in der flügellosen Holländermühle unweit der Ostsee nennt der Gebrauchsgrafiker »Lido«. Und selbstredend ist sie die Behausung seines umfänglichen Kulturverständnisses. »Was ist das Leben? Ein ewiges Zusichnehmen und Vonsichgeben.« So kurz und bündig wie dieses verbale Ringelnatz-Destillat wirkt nur noch der Schlussstein eines sakralen Gewölbes.

Doch in seinem kehrseitigen Schattenriss erscheint  von Zeit zu Zeit ungeduldig, verdrossen, mürrisch, missvergnügt … Gewiss angesichts mancher Miseren und Auswüchse des Alltags, aus dem er ja sein eigentliches Gestaltarsenal ins Leben ruft. Wer über ihn wenig weiß, könnte glauben, in solchen Momenten sei der Zeichner, Grafiker, Maler und Typograf  mit sich und der Welt uneins, gespalten, zerfallen. Auf der Bühne nennt man solche entzauberten Zustände Burlesken, gespielt von Akteuren, die aus der Reihe tanzen sollen, wollen, müssen!

Aber wer an der Küste lebt, kennt das Wetterwendische, gleichsam natur- oder gottgegeben, von innen wie von außen. Um in der eigenen, vor allem künstlerischen Balance zu bleiben, bedarf es wohl hin und wieder seiner anarchischen Freude an Regelmissachtungen.

»Nie bist du ohne Nebendir«, schlussfolgerte der Dichter. Und möglichenfalls meinte er auch: »Gleich und Gleich geselle sich gerne.«

Hingegen, die Rede ist von Feliks Büttner, dem schalkhaften, bisweilen launigen Gemütsverwandten des Hans Gustav Bötticher, der sich ab seiner erspürten und als gültig empfundenen Wesensart fortan Joachim Ringelnatz nannte.
Vereinzelt, nicht nur durch den biologischen Abstand der Zeit, befeuern indessen beide in ihren Werken anhaltend gegenwärtig dieselben Kessel hintergründiger Heiterkeit, ironischer Übertreibung, beißenden Spotts und – schönster Sinnenfreuden, frei von jedem, aber auch jedem Eifer!
Schon vom Hörensagen weiß letztlich Hinz und Kunz, dass kulinarisches Mahlhalten zum gehobenen Lebensstil taugt. Doch in den Niederungen des zivilen Daseins aller Schichten bedeutet dieser sättigende Umstand oft nur, sich dezent oder maßlos zu betrinken! »Großer Dichter«, so schreibt Ringelnatz an Stefan Zweig, »die Welt ist nur durch eine rosarote Brille zu ertragen. Meine ist der Schnaps.« Immerhin existiert in Warnemünde bis auf den heutigen Tag eine Kneipe namens »Ringelnatz«. Der Name ist nicht nur eine historische Erinnerung, er ist ein Zeichen. Nolens volens!
Das jeweilige innere Ich der gebürtigen Sachsen ist die Triebkraft für die bisweilen clownesken Bravourstücke – schreibend, zeichnend, malend und komödiantisch der eine und vorwiegend grafisch wie farbig der andere. Nachgerade von parabolischer, gesellig naher Parallelität begegnen sich feinsinnige ebenso wie derbe Exerzitien, genährt in phänomenalen Denkarten und geboren im Tun, im handwerklichen Können. Dass sie so bemerkenswert aufkeimen, fundiert sich im gesinnungsverwandten Verstehen und Ergreifen der immer auch kritisch durchschauten gesellschaftlichen Wirklichkeiten.
In den Handzeichnungen, Collagen und Illustrationen von Feliks Büttner zu Gedichten und Aphorismen von Joachim Ringelnatz vollendet sich kompositorisch eindrücklich eine Verwandlung. Die Worte werden Körper, Raum, Linie und Fläche und mutieren zu sehenswerten Echoloten der Literatur.
Dieser geschöpfte Werksegen könnte, quasi als angenehmes Nachbeben zu dieser Ausstellung, den einen oder anderen Speise-, Arbeits- und Ruheraum auffrischen. Konsequenterweise würde das bedeuten, ebenso manches »Stille Örtchen« zu bedenken. Auch aus solchem triftigen Grund soll noch einmal der elementare Gedanke des Dichters genannt werden: »Was ist das Leben? Ein ewiges Zusichnehmen und Vonsichgeben!«

Ulrich Kavka

Nachsatz:
Als er jung war, sah er aus wie ein Shanty-Sänger von der Hamburger Schaubude: Clogs, Schlaghosen, längs gestreiftes, blau-weißes Fleischerhemd, aufgewehte Haarlocken … Kuttel Daddeldu, der in der wilhelminischen Matrosenuniform, rief ihm zu: »Hallo Bruder, lass uns Pollerlieder singen!«

Humorvolle Spinner

Spinnete Köpfe, gescheit und begabt,
Weil ihr einen Pieps, einen Vogel habt,
Verlachen euch manche und meiden
Euch. Ich mag euch leiden.

Ein Piepvogel lebt so hoch und frei
Über den Filzlatschen der Spießer.

Der Spießer meint: Ein Bandwurm sei
Kein stiller Genießer.

Doch Spießermeinung ist nicht mal so wichtig
Wie das, was aus Piepvogel fällt.

Nur der, der im Kopf nicht ganz richtig
Ist, lebt sich und unterhält.

Bumerang
war einmal
ein Bumerang
war ein
Weniges
zu lang.

Bumerang flog ein
Stück,
aber kam
nicht mehr zurück.
Publikum – noch
stundenlang –
wartete auf Bumerang.

RINGELNATZ UND FELIKS BÜTTNER

Durch Warnemünde schlenderte manch einer, einige verliebten sich in diesen Gassen, fanden hier einen sehnsuchtsnahen Ort, kehrten oft zurück und hinterließen Worte oder Bilder.
»Am Anfang ist jeder Kopie, nur wenige schaffen es bis zum Original.«
Mit Ringelnatz und Feliks Büttner gibt es zwei Originale, deren kreativer Ausbruch bis in die Kindheitstage verfolgt werden kann. Skurriles und Groteskes liegen beiden im Blut, ihre Wege kreuzten sich, wenn auch zeitlich getrennt, vielfach in Warnemünde. Ein Eckrestaurant, nach dem damaligen Gast »Ringelnatz« benannt, ist inzwischen durch Texte und Bilder desselben liebevoll dekoriert und der Rostocker Künstler Feliks Büttner hat dieses Ambiente mit Büttnerschen Impressionen ergänzt, belebt und letztlich gekrönt. Ein wunderbarer, zeitübergreifender Dualismus springt auch aus dem vorliegenden Buch dem geneigten Leser und Betrachter entgegen.
Ein wohlgeordnetes Bürgerleben hat Ringelnatz nie erreichen können, aber letztlich waren ihm, immer auf Delikates hoffend, auch die »feineren Leute« gewogen. Auch aus der legendären Mühle, dem Zuhause und der Künstlerwerkstatt von Feliks Büttner, darf man unverändert auf Hinter- und Quersinniges hoffen. Die Geburtsorte der beiden liegen dicht beieinander, doch deren künstlerische Kongenialität ist und bleibt mehr mit Warnemünde verbunden. Die AIDA-Schiffe werden uns noch lange Zeit auf den Weltmeeren belächeln, und auch der Ringelnatzsche Bumerang schwirrt wohl weiter durch die Zeit.
Allzeit gute Fahrt für die beiden Leichtmatrosen.

Klaus D. Koch

Joachim
Ringelnatz
war gern in
Warnemünde &
unterwegs.
Hier traf er Al-
Fische und Leute
z.B. Sprotte · dünne ·
Seestern · Ameise ·
Butt · Leiche · Herzing ·
Hein und Kuttel
Daddel und auch
dir · und noch viele
andere

Zwei von der

Mittelmole

Leiche

Warnemünder

Sprotte

Seehase

Muschel

Pitt

Sonnenwinkel

Matrosensong

Herr Steuermann, ach Steuermann,
Mein Herz ist gar so schwer.
»So bind ein gut Stück Eisen dran
Und wirf es über Bord ins Meer.«

Ob meine schwangere Liebste weint?
Eine Trän? Zwei Trän? Drei Trän?
Ho! Meine krumme Mutter meint,
Ich sei ein reicher Kapitän.

Ist Mutters Haus mit Stroh gedeckt,
Wie sie sich freuen kann.
Doch wie ein Sturm mit Branntwein schmeckt,
Das geht sie einen Hundsdreck an.

Herr
Steuermann, ach Steuermann,
mein Herz ist gar so schwer
»So bind ich ein Stück
Eisen dran. Und werf es
über Bord ins Meer
12/17

Ich bin etwas schief ins Leben gebaut

Ich bin etwas schief ins Leben gebaut.
Wo mir alles rätselvoll ist und fremd,
Da wohnt meine Mutter – Quatsch! Ich bitte dich: Sei recht laut!

Ich bin eine alte Kommode.
Oft mit Tinte oder Rotwein begossen;
Manchmal mit Fußtritten geschlossen.
Der wird kichern, der nach meinem Tode
Mein Geheimfach entdeckt. –
Ach Kind, wenn du ahntest, wie Kunitzburger Eierkuchen schmeckt!

Das ist nun kein richtiger Scherz.
Ich bin auch nicht richtig froh.
Ich habe auch kein richtiges Herz.
Ich bin nur ein kleiner, unanständiger Schalk.
Mein richtiges Herz. Das ist anderwärts, irgendwo
Im Muschelkalk.

Auszug aus: »Ansprache eines Fremden an eine Geschminkte vor dem Wilberforcemonument«

Der sächsische Dialekt

Wenn man den sächsischen Dialekt
Ein bißchen dehnt und ein bißchen streckt
Und spricht ihn noch ein bißchen tran'ger;
Dann hält einen jeder für einen Spanier!

"Die Ausgetretenen
Joachim Oringelnat

Die Ausgetretenen

Die Freifrau Berta von Sade,
Die hielt sich auf ihrem Schloß
In der Männerretirade
Einen Löwen, so groß wie ein Ponyroß.

Bei ihren berüchtigten, tollen,
Staubaufwirbelnden Gastmählern sollen
Die Frauen in Hosen gegangen sein
Und schenkten den Männern ein sehr viel Wein.
Sämtliche Männer verschollen.

Als keine Männer mehr kamen,
Trat die Freifrau den Löwen entzwei,
Erwürgte sämtliche Damen
Und verwichste zwei Herren, die kamen
Im Namen der Polizei.

Dann trank sie Benzin und verschlang hinterher
Plumpudding. Und schrieb an die Feuerwehr.
Nun ist die Stätte wüst und leer,
Nur mehr eine kahle Ruine.
Weil auf dem Löwenurine
Kein Blümelein gedeiht noch Kraut.

Und das ist jammerschade.
Denn dort liegt Berta von Sade
In Asche, und wurde viel verdaut.

Der Komiker

Ein Komiker von erstem Rang
Ging eine Straße links entlang.
Die Leute sagten rings umher
Hindeutend: »Das ist der und der!«
Der Komiker fuhr aus der Haut
Nach Haus und würgte seine Braut.
Nicht etwa, wie von ungefähr,
Nein ernst, als ob das komisch wär'.

Immer wieder Fasching

Wenn der Fasching kommt, wird viel verboten.
Aber manches wird auch andrerseits erlaubt.
Dann wird nicht nur Dienstboten,
Nein auch Fürstenhäusern entstammten
Damen oder Frauen von Beamten
Die Unschuld geraubt.

Jeder läßt was springen.
Viel ist los.
Und vor allen Dingen
Beine und Popos.

Wenn sich Masken noch einmal verhüllen
Mit Phantastik, Seide, Samt und Tüllen,
Zeigt sich sehr viel Fleisch und sehr viel Schoß.
Daß wir, eh' wir heimwärtsschwanken,
Unsern steifen Hut zerknüllen
Im Gedanken:
Hätten wir die Hälfte bloß!

Also brechen wir auf!
Ach nein, bleiben wir noch,
Bis an ein Loch.
Schließlich löst sich alles doch
In Papier auf.

Man vertrollt sich lärmlich,
Wendet sich erbärmlich,
Jedermann ein abgesetzter Held.

Draußen Sturm. Es hetzen
Über Dächer kalte Wolkenfetzen
Unterm Mond. Wir setzen
Uns ins Auto,
fröstelnd vor dem letzten Geld.

was
Springen
und
Po
29.11.17
immer wieder Fasching

Genau besehen

Wenn man das zierliche Näschen
von seiner lieben Braut
durch ein Vergrößerungsgläschen
näher beschaut,
dann zeigen sich haarige Berge,
daß einem graut.

Wenn man das
Durch ein Vergrößerungsglas
Berge, Daß einem graut.
14/12 2017

Lustmord

Sie stänkerte. Dennoch habe ich sie –
Weil sie käuflich war – gekauft.
Und habe, vielleicht aus Ironie,
Sie »Mucker« getauft.

Ich riß ihr gierig mit rauher Hand
Die einzelnen Kleider herunter,
Zunächst ein leichtes Flittergewand,
Dann anderen, gröberen Plunder.

Und Rock und Röckchen nach Röckchen fiel
Herab. Ich riß und zerfetzte
Mit Wollust. Ich wollte – das war mein
Ziel –
Das Nackte, das Wahre, das Letzte.

Doch immer, wenn ich das rosige Glück
Der Nacktheit zu schauen vermeinte,
Kam wieder noch irgend ein
Kleidungsstück.
Ich wütete weiter, ich weinte.

Doch als ich sie völlig enthemdet
Hatte, blieb nichts, restlos nichts.
Und in dieses Nichts bohrt befremdet
Der Stachel meines Gedichts.

Jedoch erübrigt sich jede Kritik,
jeder Kommentar,
Weil die, von der ich hier rede,
Eine Zwiebel war.

Lustmord
Ich riß ihr mit rauer Hand
die einzelnen Kleider herunter
zunächst ein leichtes Flittergewand.
Dann anderen, gröberen Plunder.
und Rock und Röckchen nach
Röckchen fiel herab. Ich riß und
zerfetzte mit Wollust. Ich wollte –
das war mein Ziel – das Nackte,
das Wahre, das Letzte –

Schöne Frau ging vorbei

Eine Falte in deinem Kleid
Hat wie eine Woge geschaukelt,
Hat Träume mir vorgegaukelt:
Wie schön ihr seid, wie ihr seid.

Einer Woge glich diese Falte,
Von deinem Atem aufgewühlt.
Und trotzig hat diese kalte
Welle dein warmes Fleisch umspült.

Es glätten keine Bedenken solch
Bezaubernd wogende Faltung.
Ich ging an dir vorbei, wie ein Strolch
An einer städtischen Verwaltung.

Schöne Frau
ging vorbei
Schöne Frau ging vorbei

Ein Liebesnacht-Wörtchen.

Ja – – ja! – – ja!! – – ja!!! – –
Du hast so süße Höschen.
Nun sind wir allein. Und es ist Nacht.
Ach hätte ich dir doch ein Röschen
Mitgebracht.

Ja--ja---ja!!--ja!!!---
Ein liebesnacht-
Wörtchen
29.11.17

Alter Mann spricht junges Mädchen an

Guten Tag! – Wie du dich bemühst,
Keine Antwort auszusprechen.
»Guten Tag« in die Luft gegrüßt,
Ist das wohl ein Sittlichkeitsverbrechen?

Jage mich nicht fort.
Ich will dich nicht verjagen.
Nun werde ich jedes weitere Wort
Zu meinem Spazierstock sagen:

Sprich mich nicht an und sieh mich nicht,
Du Schlankes.
Ich hatte auch einmal ein so blankes,
Junges Gesicht.

Wie viele hatten,
Was du noch hast.
Schenke mir nur deinen Schatten
Für eine kurze Rast.

Guten Tag!

Ich hab dich so lieb

Ich habe dich so lieb!
Ich würde dir ohne Bedenken
Eine Kachel aus meinem Ofen
Schenken.

Ich habe dir nichts getan.
Nun ist mir traurig zu Mut.
An den Hängen der Eisenbahn
Leuchtet der Ginster so gut.

Vorbei – verjährt –
Doch nimmer vergessen.
Ich reise.
Alles, was lange währt,
Ist leise.

Die Zeit entstellt
alle Lebewesen.
Ein Hund bellt.
Er kann nicht lesen.
Er kann nicht schreiben.
Wir können nicht bleiben.

Ich lache.
Die Löcher sind die Hauptsache
An einem Sieb.

Ich habe dich so lieb.

Ich habe dich so lieb!

Ich würde dir ohne Bedenken
Eine Kachel aus meinem Ofen schenken.

12.17

Guten Abend!
Schöne Unbekannte!
Es ist nachts
halb zehn.
Würden Sie
liebenswürdigerweise
mit mir
schlafen gehn
?

Auszug aus: »Ansprache eines Fremden an eine Geschminkte vor dem Wilberforcemonument«

Guten Abend
Schöne Unbekannte!
Es ist nachts halb zehn /
wür Sie liebenswürdigerweise mit mir
schlafen gehn?

31/12 2017
Ringelnatzgarten mit Amaryllis

im Ringelnatz-garten mit Amaryllis

Amaryllis

Das Atelier ist heiß.
Draußen, drunten die andere Welt
Klopft ihre Teppiche, schreit und bellt.
Der Maler, der das wußte, er weiß
Es jetzt nicht mehr. Die Zeit steht still.
Der Pinsel zecht, läuft, zecht, läuft schnell
Und weiter, als er darf und will.
Reglos im Stuhle das schöne Modell
Träumt von sich selber, von Amaryll.

AMARYLLIS
Ringelnatz
..... Reglos im Stuhle
das Modell
Träumt von sich selber,

Ein Pflasterstein

Ein Pflasterstein, der war einmal
Und wurde viel beschritten.
Er schrie: »Ich bin ein Mineral
Und muss mir ein für allemal
Dergleichen streng verbitten!«

Jedoch den Menschen fiel's nicht ein,
Mit ihm sich zu befassen,
Denn Pflasterstein bleibt Pflasterstein
Und muss sich treten lassen.

Meine Schuhsohlen

Sie waren mir immer nah,
Obwohl ich sie selten sah,
Die Sohlen meiner Schuhe.

Sie waren meinen Fußsohlen hold.

An ihnen klebt ewige Unruhe,
Und Dreck und Blut und vielleicht sogar Gold.

Sie haben sich aufgerieben
Für mich und sahen so selten das Licht.

Wer seine Sohlen nicht lieben
Kann, liebt auch die Seelen nicht.

Mir ist seit einigen Tagen
Das Herz so schwer.
Ich muß meine Sohlen zum Schuster tragen,
Sonst tragen sie mich nicht mehr.

14.12.17
Meine Schuhsohlen.
Wer seine Sohlen nicht lieben kann,
liebt auch Seelen nicht.
Mir ist seit einigen Tagen. Das Herz so schwer.
Ich muss meine Sohlen zum Schuster tragen, sonst
tragen sie mich nicht mehr.

Es war eine gelbe Zitrone

Es war eine gelbe Zitrone,
Die lag unter einer Kanone,
Und deshalb bildete sie sich ein,
Eine Kanonenkugel zu sein.
Der Kanonier im ersten Glied,
Der merkte aber den Unterschied.

— —

Bemerkt sei noch in diesem Lied,
Ein Unterschied ist kein Oberschied.

Überall

Überall ist Wunderland.
Überall ist Leben.
Bei meiner Tante im Strumpfenband
Wie irgendwo daneben.
Überall ist Dunkelheit.
Kinder werden Väter.
Fünf Minuten später
Stirbt sich was für einige Zeit.
Überall ist Ewigkeit.

Wenn du einen Schneck behauchst,
Schrumpft er ins Gehäuse.
Wenn du ihn in Kognak tauchst,
Sieht er weiße Mäuse.

Der Briefmark

Ein männlicher Briefmark erlebte
Was Schönes, bevor er klebte.
Er war von einer Prinzessin beleckt.
Da war die Liebe in ihm erweckt.

Er wollte sie wiederküssen.
Da hat er verreisen müssen.
So liebte er sie vergebens.
Das ist die Tragik des Lebens!

Die Briefmarke
STAP

"Oh" rief ein Glas Burgunder

»Oh«, rief ein Glas Burgunder,
»Oh, Mond, du göttliches Wunder!
Du gießt aus silberner Schale
Das liebestaumelnde, fahle,
Trunkene Licht wie sengende Glut
Hin über das nachtigallige Land – «

Da rief der Mond, indem er verschwand:
»Ich weiß! Ich weiß! Schon gut! Schon gut!«

Abschiedsworte an Pellka

Jetzt schlägt deine schlimmste Stunde,
Du Ungleichrunde,
Du Ausgekochte, du Zeitgeschälte,
Du Vielgequälte,
Du Gipfel meines Entzückens.
Jetzt kommt der Moment des Zerdrückens
Mit der Gabel! – Sei stark!
Ich will auch Butter und Salz und Quark
Oder Kümmel, auch Leberwurst in dich stampfen.
Mußt nicht so ängstlich dampfen.
Ich möchte dich doch noch einmal erfreun.
Soll ich Schnittlauch über dich streun?
Oder ist dir nach Hering zumut?
Du bist ein so rührend junges Blut.–
Deshalb schmeckst du besonders gut.
Wenn das auch egoistisch klingt,
So tröste dich damit, du wundervolle
Pellka, daß du eine Edelknolle
Warst, und daß dich ein Kenner verschlingt.

Meine Alte Schiffsuhr

In meinem Zimmer hängt eine runde,
Alte, achteckige Segelschiffsuhr.
Sie schlägt weder Glasen noch Stunde.
Sie schlägt, wie sie will, und auch nur,

Wann sie will. Die Uhrmacher gaben
Sie alle ratlos mir zurück;
Sie wollten mit solchem Teufelsstück
Gar nichts zu tun haben.

Und gehe sie, wie sie wolle,
Ich freue mich, weil sie noch lebt.
Nur schade, daß nie eine tolle
Dünung sie senkt oder hebt

Oder schüttert. Nein, sie hängt sicher
Geborgen. Doch in ihr kreist
Ein ruhelos wunderlicher
Freibeuter-Klabautergeist.

Nachts, wenn ich still vor ihr hocke,
Dann höre ich mehr als Ticktack.
Dann klingt was wie Nebelglocke
Und ferner Hundswachenschnack.

Und manche Zeit versäume
Ich vor der spukenden, unkenden Uhr,
Indem ich davon träume,
Wie ich mit ihr nach Westindien fuhr.

Meine Alte
SCHIFFSUHR

Ein Nagel saß in einem Stück Holz

Ein Nagel saß in einem Stück Holz.
Der war auf seine Gattin sehr stolz.
Die trug eine goldene Haube
und war eine Messingschraube.
Sie war etwas locker und etwas verschraubt,
Sowohl in der Liebe, als auch überhaupt.
Sie liebte ein Häkchen und traf sich mit ihm
In einem Astloch, sie wurden intim.
Kurz, eines Tages entfernt sie sich
und ließ den armen Nagel im Stich.
Der arme Nagel bog sich vor Schmerz,
Noch niemals hatte sein eisernes Herz
so bittere Leiden gekostet.
Bald war er beinah verrostet.

Da aber kehrte sein früheres Glück,
Die alte Schraube wieder zurück.
Sie glänzte übers ganze Gesicht.
Ja, alte Liebe die rostet nicht.

Ein Nagel
saß in einem Stück Holz.
Der war auf seine Gattin stolz.
Die trug eine goldene Haube und war
eine Messingschraube.

„Nein“ schimpfte die Ringelnatter

»Nein«, schimpfte die Ringelnatter, »die Mode
Von heutzutage, die wurmt mich zu Tode.
Jetzt soll man täglich, sage und schreibe,
Zweimal die Wäsche wechseln am Leibe.
Und immer schlimmer wird's mit den Jahren.
Es ist rein um aus der Haut zu fahren!«
So schimpfte die Ringelnatter laut,
Und wirklich fuhr sie aus der Haut.

Der Vorfall war nicht ohne Bedeutung,
Denn zoologisch nennt man das Häutung.

Ein Taschenkrebs und ein Känguruh

Ein Taschenkrebs und ein Känguruh,
Die wollten sich ehelichen.
Das Standesamt gab es nicht zu,
Weil beide einander nicht glichen.

Da riefen sie zornig: »Verflucht und verdammt
Sei dieser Bureaukratismus!«
Und hingen sich auf vor dem Standesamt
An einem Türmechanismus.

im See

Der Häring erzählt zur nächtlichen Zeit
Dem Walfisch die letzte Neuigkeit:

Frau Aal hat neulich den Hummer geneckt,
Indem sie ihn aus dem Schlummer geweckt.

Da gab es einen großen Disput.
Der Hummer fauchte und kochte vor Wut
Und weil er kochte, so wurde er rot
Und als er rot war, da war er schon tot.

»Ja«, seufzet der Walfisch und weint gar sehr,
»Ja, tote Hummer, die leben nicht mehr.«

Tante Qualle und der Elefant

Die Tante Qualle schwamm zum Strand.
Es liebt sie ein Elefant
Mit Namen Hildebrand genannt.
Der wartet am Meeresstrand

Mit einem Sträußchen in der Hand.

Das übergab er ihr galant
Und bat um Tante Quallens Hand.
Da knüpften sie ein Eheband.
Der Doktor Storch, der abseits stand,

Der dachte: »Armer Hildebrand!«

Worauf er weiterging und lachte.
— — — —
Warum der Storch wohl so was dachte?

Die Ameisen

In Hamburg lebten zwei Ameisen,
Die wollten nach Australien reisen.
Bei Altona auf der Chaussee
Da taten ihnen die Beine weh,
Und da verzichteten sie weise
Dann auf den letzten Teil der Reise.
So will man oft und kann doch nicht
Und leistet dann recht gern Verzicht.

WELT
Welt Reise
In Hamburg lebten zwei Ameisen,
Die wollten nach Australien reisen.
Bei Altona auf der Chaussee
da taten ihnen die Beine weh,
Und da verzichteten sie weise
Dann auf den letzten Teil der Reise.
Joachim Ringelnatz
No 71
WeltReise
2017
WELT
Welt Reise

Die Fliege im Flugzeug

Ich war der einzige Passagier
Und hatte – nur zum Spaße –
Eine lebende Fliege bei mir
In einem Einmachglase.

Ich öffnete das Einmachglas.
Die Fliege schwirrte aus und saß
Plötzlich auf meiner Nase
Und rieb sich die Vorderpfoten.
Das verletzte mich.
Ich pustete. Sie setzte sich
Auf das Schildchen »Rauchen verboten«.

Ich sah: der Höhenzeiger wies
Auf tausend Meter. Ha! Ich stieß
Das Fenster auf und dachte
An Noahs Archentaube.
Die Fliege aber – ich glaube,
Sie lachte.
Und hängte sich an das Verdeck
Und klebte sehr viel Fliegendreck
Um sich herum, im Kreise,
Unmenschlicherweise.

Und als es dann zur Landung ging,
Unser Propeller verstummte,
Da plusterte das Fliegending
Sich fröhlich auf und summte.
Gott weiß, was in mir vorging,
Als solches mir durchs Ohr ging.
Ich weiß nur noch, ich brummte
Was vor mich hin. So ungefähr:
Ach, daß ich eine Fliege wär.

Die Fliege im Flugzeug

Übergewicht

Es stand nach einem Schiffsuntergange
Eine Briefwaage auf dem Meeresgrund.
Ein Walfisch betrachtete sie bange,
Beroch sie dann lange,
Hielt sie für ungesund,
Ließ alle Achtung und Luft aus dem Leibe,
Senkte sich auf die Wiegescheibe
Und sah – nach unten schielend – verwundert:
Die Waage zeigte über Hundert.

An Gabriele B.

Schenk mir dein Herz für vierzehn Tage,
Du weit ausschreitendes Giraffenkind,
Auf daß ich ehrlich und wie in den Wind
Dir Gutes und Verliebtes sage.

Als ich dich sah, du lange Gabriele,
Hat mich ein Loch in deinem Strumpf gerührt,
Und ohne daß du's weißt, hat meine Seele
Durch dieses Loch sich bei dir eingeführt.
Verjag sie nicht und sage: »Ja!«
Es war so schön, als ich dich sah.

Trennung von einer Sächsin.

Ich kann dir alles verzeihn.
Aber du mußt mir die Freiheit lassen,
Mich nicht mehr mit dir zu befassen.
Sächsische Quengelein,
Auch wenn man ihrer nur träumt,
Sind etwas, womit man die Zeit versäumt.

Du hast viel warmes Gemüt
Und lügst oft aus Höflichkeit.
Und auf diesem Boden blüht
Und gedeiht die Geschmacklosigkeit.

Ich weiß das genau. Denn ich bin
In Sachsen erwachsen. Das zu verschweigen
Oder deswegen mokant sich zu zeigen,
Hätte nicht – – oder nur sächsischen Sinn.

Ich kann deiner Falschheit nicht trauen.
Geh jetzt zur Ruh!
Blondhaarig mit schwarzen Brauen,
So schönes Mädchen du!

Aussichten sind unendlich weit.
Aber Sächsisch in dieser Zeit,
Eins, Neun, Zwo, Acht – – –
Gute Nacht.

Als sie dann traurig ging,
Ward mir so bang und kalt.
Gab ich ihr keinen Halt.
Armes Ding!

An M.

Der du meine Wege mit mir gehst,
Jede Laune meiner Wimper spürst,
Meine Schlechtigkeiten duldest und verstehst –
Weißt du wohl, wie heiß du oft mich rührst?

Wenn ich tot bin, darfst du gar nicht trauern.
Meine Liebe wird mich überdauern
Und in fremden Kleidern dir begegnen
Und dich segnen.

Lebe, lache gut!
Mache deine Sache gut!

Die dünnere Wege mit mir gehst!
an Simone

Die Überschriften auf den Seiten 20, 34, 56 und 72
stammen von Feliks Büttner.

Die Deutsche Nationalbibliothek verzeichnet diese Publikation
in der Deutschen Nationalbibliografie,
detailierte bibliografische Daten sind im Internet
über http://dnbddb.de abrufbar.

Lagerstraße 7
18055 Rostock

1. Auflage 2018
100 Exemplare mit Originalgrafik,
Siebdruck gedruckt von Ulli Grimm
Herstellung: Felix Büttner
Redaktion: Hans-Joachim Luther und Simone Fuhrmann
Druck: Druckerei Weidner GmbH
Printed in Germany
ISBN: 978-3-356-02218-6
www.hinstorff.de